AF303988

Fencing Club
- HEFT 2

Einleitung

Was ist Fechten?

Philosophie des Fechtens

Möglichkeiten im Training

Einleitung

Vorwort für Trainierende, Interessierte und Trainer

Dieses Buch ist eine Heftreihe für junge Fechterinnen und Fechter, Anfänger, Fortgeschrittene, begeisterte Trainer und Eltern. In diesen Zeilen versuche ich, den Fechtsport spannend und von innen heraus verständlich zu machen. Dabei schildere ich auch, was ich selbst erlebt, gefühlt und entdeckt habe. Dies ist der erste Teil einer Reihe von Lektionen über das Fechten, die auch in einzelnen Heften erhältlich

sind. In diesem ersten Teil soll es darum gehen, warum Fechten ein so faszinierender Sport ist.
Seit ich mit dem Fechten angefangen habe, möchte ich nicht mehr damit aufhören.
Die Spannung, die Atmosphäre, die vielen tollen Menschen, Kinder und Erwachsene, die mitfiebernden Fans. Das lässt mich einfach nicht mehr los. Ich habe auch viele Kinder und Jugendliche gesehen, die sich von diesem wunderbaren Sport begeistern ließen.

Da ich mit der Zeit auch immer mehr Einblicke in das Trainingsgeschehen gewinnen konnte, habe ich mir gedacht: Wenn schon, denn schon!
Dann will ich auch meinen persönlichen Beitrag leisten und habe aus der Sicht des professionellen Pädagogen und Wissenschaftlers gezielt Gedanken gemacht, wie man den Fechtsport unterstützen kann.

Das Buch ist für Jung und Alt geschrieben. Manchmal ist die Sprache für ganz junge Leute

FSC
www.fsc.org
MIX
Papier aus ver-
antwortungsvollen
Quellen
Paper from
responsible sources
FSC® C105338

vielleicht etwas unverständlich. Das macht nichts, fragt in diesem Fall eure Eltern, eure Freunde, eure Trainer, diskutiert gemeinsam über das, was hier geschrieben steht. Gespräche sind auch eine gute Hilfe, um überhaupt im Training voranzukommen.

Dieses Buch soll beim Fechten lernen, trainieren und lehren helfen. Manchmal gibt es lustige praktische Beispiele - manchmal etwas Wissenschaftliches und manchmal etwas fürs Herz.

Die folgenden Tips können für alle Fechterinnen und Fechter wichtig sein:

Verbesserungsmöglichkeiten im Training:

LACHEN!!! Training ohne Lachen ist kein Training

Verbesserung der Abläufe im Training (gegen Langeweile und Leerlauf)

Aktivierung der Selbstlernfähigkeiten der Schülerinnen und Schüler (Erwachsenwerden)

Integration neuer Lerntechniken (Methodik)

Einbeziehung lebensphilosophischer Aspekte in die praktische Ausbildung (Fechten lehrt fürs Leben)

Selbststeuerung Selbstvergewisserung

Mitreißendes Lehrmaterial und Training

Wahrnehmung der inneren Einstellung der Fechter

Bessere Kommunikation und Empathie (Sympathie).

Vorstellungsbildung (gekoppelte Phantasie)

Basteln von Lerngegenständen (Kreativität)

Diese Themen auf die Agenda für ein (noch) besseres Training zu setzen und anzugehen, ist gar nicht so schwer, wie es scheint. Wir haben es in der Regel mit hoch motivierten TrainerInnen und SchülerInnen zu tun.

Alle sind in der Regel freiwillig dabei, alle wollen das bestmögliche Training! Man muss nur das Bewusstsein schaffen, dass es wirklich etwas bringt, wenn man mit Begeisterung dabei ist.

Dann, das verspreche ich, lohnt es sich!

Selbst wenn wir nur diese kleine Liste umsetzen, bringt das einen großen Ertrag.

Fechten als Beispiel für pure Begeisterung

Willst du Fechten lernen, kannst du es schon oder willst du es trainieren und anderen beibringen? An dem folgenden Beispiel möchte ich zeigen, was dabei passieren kann, worauf man sich einstellen muss und worauf es ankommt, wenn man es richtig machen will.

Persönliches

In meiner Jugend hatte ich einige Vorbilder. Eines davon war der deutsche Olympiafechter Alexander Pusch. Er sah beeindruckend aus und ich fand das ganze Auftreten sehr ästhetisch und irgendwie würdevoll und gleichzeitig sehr sportlich. Die Bewegungen beim Fechten waren schnell und es war spannend. Die Körperhaltung war stark.

Kurzum: Ich hatte im Fechten ein „ästhetisches Motiv" entdeckt. Ich habe dann in meinem Leben immer wieder die Olympischen Spiele verfolgt und mich immer gefreut, wenn ich Fechter im Fernsehen sah.

Viel später, als Vater von vier Kindern, bin ich dann endlich zu einem Fechttraining gegangen. Was soll ich sagen, sofort kamen die Erinnerungen wieder hoch und ich hatte große Lust, dabei zu sein. Seitdem ist viel passiert.

Ich durfte als eigentlich nicht so guter Fechter mit meiner eigenen Mannschaft den Einzug in das Finale eines nationalen Turniers feiern.
In dem Verein, in dem ich Mitglied bin, sehe ich viele Menschen, die so unterschiedlich sind. Sie sind mir durch die gemeinsame Zeit ans Herz gewachsen und obwohl mir die typische Vereinsmeierei immer fremd war und ist, finde ich, dass der Verein ein kleines zusätzliches Zuhause geworden ist. Meine Erfahrungen als Fechter und Helfer im Training fließen in dieses Heft ein.

Ich bringe gerne mein Wissen aus der Philosophie, der pädagogischen Psychologie und der Anthropologie ein. Fechten ist neben der Körperbeherrschung einfach auch viel Psychologie. Sei es das Mitfiebern, das Initiieren und Erleben eines Teamgeistes oder das Empfinden von Trauer und höchstem Glück im

Kampf. Auch in diesem Buch habe ich versucht, immer wieder über den Tellerrand zu schauen und Querverbindungen herzustellen, um den Blick zu weiten.

Mannschaftsgeist als Erfüllung

Im Fechten habe ich jedenfalls einige der schönsten Momente meines Lebens erlebt. Die Ehre, mit der Mannschaft ein Finale zu fechten, war natürlich schon ein Mega-Ereignis, aber das Schönste war die Durchdringung von uns allen mit dem Teamgeist, der sich über die lange Phase des gesamten Turniers entwickelt hat. Teamgeist im Fechten. Auch Erfolge der eigenen Schützlinge und deren Gefühl sich in guten Händen zu wissen ist sehr erfüllend.

Der Mannschaftserfolg, das wurde mir durch die Beobachtungen und das eigene Erleben klar, kam nicht durch individuelle Leistungen, die hier und da auch mal schlechter waren. Es gab zwar von jedem an wichtigen Stellen Leistungseinbrüche, die das Team in Bedrängnis brachten. Aber wenn einer schwächelte, waren die anderen immer zur Stelle und haben die Lücke geschlossen.

Das wiederum führte zu diesem unvergleichlichen Gefühl, dass man sich auch mal etwas „erlauben" darf, ohne dass einem der Kopf abgerissen wird, und dass die anderen einen gerne mit allem auffangen, was sie können, bis man sich wieder gefangen hat. Das weckt die Lebensgeister und der Wille, selbst etwas zurückzugeben, ist die Folge.

„Einer für alle und alle für einen" war nicht mehr nur ein Spruch. Es war Wirklichkeit geworden. Der Einzelne, so wichtig seine individuelle Persönlichkeit auch war, löste sich im Willen des Teams auf. Wir waren eins! Wir verstanden uns blind. Wir wussten, dass wir alles schaffen können. Der Wille zum Sieg und das beschriebene Bewusstsein trugen uns auch in den brenzligsten Situationen. Immer wieder gelang es dem überragenden Schlussmann, nach großartiger Vorarbeit der anderen, das entscheidende Tor zu schießen. Selbst die Leute am Rande der Planche wurden mitgerissen und so Teil des Mannschaftsgeistes.

Das war der Grund für unser unerwartet gutes Abschneiden. Selbst diejenigen Vereinsmitglieder und Angehörige, die geholfen hatten und nicht am Finale teilnahmen, waren im Geiste mit dabei, wenn man kämpfte. Sie waren einfach mit an Bord.

Die Vorbereitungen für die notwendigen Turnierkämpfe, der Aufbau der Bühne, die Musik, das Anfeuern, der Jubel der Fans. Es ist das größte Glück, eine solche Verbrüderung zu spüren. Jeder von uns war nicht nur ein Teil des Ganzen, sondern in jedem war das Ganze!

So etwas zu erleben, ist gerade für junge Menschen im Fechtsport immer wieder möglich und sollte in jedem Training nicht außer Acht gelassen werden.

Probleme im Fechttraining für Schüler und Trainer.

Vorstellungsbild 1:

Eine Mannschaft ist keine soziale Hängematte, in der man sich auf die anderen verlässt, ohne selbst etwas zu tun! Wenn nicht alle ihr Bestes geben wollen, kann man es auch bleiben lassen. Es ist eher wie eine Sandburg in der Brandung, die immer wieder von allen gemeinsam aufgebaut, verteidigt und gepflegt werden muss, um zu halten.

Brauchen wir wirklich bessere Trainer?

Ich habe gehört, dass die deutschen Fechterinnen und Fechter im internationalen Vergleich nicht mehr so erfolgreich sind wie früher. Das mag so sein oder auch nicht. Auf jeden Fall glaube ich, dass man sein Training und seine Jugendarbeit immer verbessern kann und dass es sich lohnt, sich dafür einzusetzen.

Das Erlernen ist wichtiger als das Siegen! Ich denke wirklich jeden Tag: „Wann lerne ich denn endlich richtig fechten?"
Die Erfahrungen als Lehrer helfen mir natürlich beim Beobachten und Beurteilen. Da kann man immer etwas dazu lernen, Aber auch bei der Professionalisierung der Lehrprozesse kann man viel lernen.

In allen Trainingszusammenhängen und bei allen Trainern ist mir aufgefallen, wie einerseits einige sehr talentiert waren und wie sich andererseits immer wieder typische pädagogische Anfängerfehler einschlichen. Vorweg: Ich denke hier nicht in erster Linie an meine eigenen Trainer, die überdurchschnittlich gut, selbstkritisch und reflektiert trainieren! Sie werden gemocht und respektiert. Aber ich denke an die vielen Lehrenden und Lernenden, die sich viel Mühe geben und dafür mit mehr Erfolg belohnt werden sollten. Manchmal fehlt nur das richtige Wort zur richtigen Zeit.

Die Kinder und Jugendlichen, die zum Training kommen, wollen lernen und Spaß haben. Sie wollen Kämpfe gewinnen, Fehler ausmerzen und ihre Gegner austricksen. Sie wollen stolz sein und sich nicht blamieren. Sie sind meist hoch motiviert und ihre Eltern auch. Sie wollen das Fechttraining als Freiheitserlebnis und einfach Spaß !
Das ist ein großer Schatz! Wir sollten ihn so gut wie möglich hüten.

Pädagogisches Wissen der Trainer

Die Trainer kennen sich in der Regel am besten aus und wissen sehr viel über das Fechten. Sie sind Spezialisten für Techniken und Situationen. Sie kennen die Materie und ihre technischen Aspekte. Die Lerninhalte sind Ihnen also vertraut. Sachkenntnisse sind „didaktischer Lehrinhalt".

Aber wer hat Ihnen eigentlich beigebracht, wie man professionell unterrichtet, wie man Erfahrungen verständlich und begeisternd, differenziert und motivierend weitergibt? Das nennt man Pädagogik. Meist niemand!

Meist ist es das Vorbild der eigenen früheren Ausbildung, oder des mehr oder weniger spannenden Schulunterrichtes das hier noch am ehesten hilft. Trainer, Lehrer, die einem im Gedächtnis geblieben sind.

Eine tiefere Durchdringung der pädagogischen Prämissen halte ich aber für ausbaufähig und wünschenswert.

Machen wir uns bewusst: Ein Lehrer, der in einer Schule auf die Kinder losgelassen wird, muss mindestens 6 Jahre ausgebildet werden. Bevor es dann wirklich routiniert klappt, noch einmal drei Jahre im Dienst. Im total anstrengenden Referendariat geht es oft genug 2 Jahre lang nur um rein pädagogisch-didaktische Inhalte, also um die Kunst des Unterrichtens. Auch nach dieser intensiven Ausbildung ist es immer noch schwierig, alles richtig zu machen.

Aber auch nach einer so langen Ausbildungszeit

gibt es viele Lehrerinnen und Lehrer, die zwar „Mathe können", aber sehr schlechten Unterricht machen, weder Fingerspitzengefühl noch pädagogische Techniken entwickeln oder sich aneignen konnten, die sie in die Lage versetzen, Schülerinnen und Schüler zu begeistern.

Manchmal habe ich den Eindruck, dass die pädagogische Ausbildung im Fechten auch in vielen Fortbildungen zu kurz kommt, bei allem Mut und gutem Willen der Ausbilder.

Es fehlt das Bewusstsein, dass die Methodik des Unterrichtens eine Wissenschaft für sich ist. „Wer hat schon so viel Zeit, sich auch noch damit zu beschäftigen..."
„Wie soll ich da noch Psychologie und Lerntechnik unterbringen?"
Aber wenn man genau hinschaut, kann es eben doch viel bringen und vor Allem: Zeit sparen.
Besonders deutlich wird der pädagogische Wert natürlich im Teil über die konkreten Techniken,

wie zum Beispiel im Trainingsheft über die Grundtechniken dieser Reihe erläutert. Es soll Fechtgedanken und Übungen von zu Hause und aus dem Training verbinden. So soll die Möglichkeit gegeben werden, sich wie selbstverständlich immer wieder ein wenig mit dem Fechtsport zu beschäftigen.

Gelerntes wird dann weniger schnell vergessen indem die Schüler „dran" bleiben. Durch das im **Trainingsheft 1** der **Reihe Fencing Club** vorgeschlagene tägliche „5-Min-Üben" bleibt die Vorstellung wach.
Es macht Spaß!

„Gute Pädagogik ist wie ein Medikament oder Vitamin, das die Selbstheilungskräfte des „Patienten" effektiv aktiviert und ihn von innen heraus aufbaut."(Dr. Kai Helge Wirth)

Die wesentlichen Erkenntnisse der Pädagogik einfach wegzulassen, weil man meint, genug davon im Blut zu haben, ist einfach schade und unsystematisch.

Tipp:

Das Wissen um die innere Konstitution und Motivation der Fechtschüler außer Acht zu lassen, ist wie die körperliche Verfassung eines Fechters nicht zur Kenntnis zu nehmen. So krass ist das!

Die Schülerinnen und Schüler haben viel mehr davon, wenn sie eine Trainerin oder einen Trainer mit pädagogischem Geschick haben. Das ist keine Hexerei und erleichtert die Trainingsarbeit ungemein!

Kinder sind pädagogische Profis

Pädagogische Profis sind übrigens immer die Kinder: Wenn man als Trainerin oder Trainer fragt, wie man etwas im Training am besten machen könnte oder über welche fechterischen Probleme sie gerade am meisten nachdenken, bekommt man von ihnen immer kompetente Antworten. Sie haben tagtäglich mit Lehr-Lern-Prozessen in der Schule wie niemand anders zu tun und wissen, welche Methoden gut funktionieren und welche schlichtweg schlecht sind. Sie kennen spannenden und schlechten Unterricht!

TIP:

„Wenn man mit den Schülerinnen und Schülern einen guten Unterricht initiiert, könnte man <u>theoretisch</u> während des Unterrichts ein Buch lesen, weil es einfach von selbst läuft und die Schüler dabei ihre Freiheit genießen zu handeln, und zu lernen!" (Kai Helge Wirth)

Persönlichkeitsorientierte Fechtpädagogik?

Pädagogik ist ein unschätzbarer Werkzeugkasten, um Menschen zielgerichtet zu trainieren. Manche Trainer denken: „Das kann ich schon, da brauche ich nicht viel pädagogisches Wissen. Aber sie

wundern sich, warum Lernprozesse anders
verlaufen als gedacht und warum manche Kinder
Dinge einfach nicht umsetzen können. Manche
verlieren die Lust, motivierend zu unterrichten.
Das liegt nicht an den Kindern. Es liegt daran,
dass das pädagogische Talent einfach nicht
ausreicht, um mehr als das Normale zu tun.
Wir verschwenden viel Zeit und Liebe und
frustrieren die Kinder.
Wer sich mit der Erkenntnis zufrieden gibt, dass
er das Training nicht optimieren muss, ist nicht in
der Lage, die pädagogischen Werkzeuge
einzusetzen, die den Erfolg garantieren können.
Die Motivation des Trainers ist der Schlüssel zum
Erfolg!

„Das Verhältnis des Lehrers zur Sache (hier
Fechttraining) bestimmt das Verhältnis des
Schülers zur Sache." (Roth)

Wer nicht weiß, wie Lernen psychologisch funktioniert und wie wichtig es ist, individuelle selbstgesteuerte Lernprozesse zu initiieren und zu steuern, der weiß es eben nicht.

Wer nicht ansatzweise diagnostizieren und wertschätzen kann, was die Jugendlichen ins Training mitbringen, hat ein echtes Problem, wenn er die Leistung effektiv steigern will.

Wie kommt der Trainer in die Halle, welche Stimmung hat er heute, welche Körperhaltung, ist er interessiert oder genervt? Die ganze Stimmung aller hängt davon ab, ob man darauf achtet, dass man ein Empfinden dafür hat oder nicht.

Wenn man seine Schüler motiviert, bekommt man das hundertfach zurück!

Talent ist wichtig. Selbststeuerung noch mehr

Die meisten Menschen und auch viele Trainer können mit etwas Talent sehr gute

Trainingseinheiten machen. Sie können von sich aus Lernprozesse in Gang setzen, weil sie:

Ziemlich gut mit verschiedenen Menschen umgehen können

die Techniken des Fechtens beherrschen

Trainingssituationen initiieren

Menschen ein Stück weit motivieren können

Sie erinnern sich an den Sportunterricht in der Schule oder im Fußballverein oder an Erlebnisse mit Freunden, an Ihre eigene Motivation. Vielleicht haben Sie sich etwas abgeschaut, es angewendet und festgestellt, dass es gut funktioniert hat.

Vielleicht ist auch etwas von den wenigen pädagogischen Themen der 300 Stunden (!) Trainerausbildung hängen geblieben.

Aber man kann viel mehr als das:

Man kann im Großen wie im Kleinen einfach lernen, Lernprozesse genau zu beobachten, präzise zu unterstützen, Motivationslagen zu erkennen und gezielt zu nutzen.

Man kann reflektieren oder diagnostizieren, warum es im Training mal schneller, mal langsamer vorangeht.

Man kann Abläufe optimieren.

Man kann den Schülern das mit nach Hause geben, was sie wirklich brauchen.

Man kann erkennen, ob jemand etwas verstanden hat oder nicht.

Man kann Techniken lernen, die einem helfen, geduldig zu sein.

Man kann lernen, besser zu kommunizieren. Dafür gibt es Tricks aus der professionellen Pädagogik. Dafür wurde sie erfunden.

Entscheidende pädagogische Schlüsselbegriffe,

die zu wenige Trainer kennen, die aber ganz
einfach sind:

Vorsicht Kauderwelsch.
Output-Orientierung, Selbststeuerung, Instinkt,
Selbstvergewisserung, Phasenplanung, Störung
autopoietischer Systeme, Selbstorganisation,
konstruktive Cogitatio.
Strukturierung von Lernumgebungen.
Übersetzung von Kauderwelsch:

Gezieltes Vorgehen bedeutet, dass die Trainer von
den Schülern wissen müssen, wo der Schuh
drückt, was wir lernen wollen, wo unsere Stärken
und Schwächen liegen. Am besten ist es, wenn
die Coaches herausfinden können, was uns
bewegt und wo unsere Motivation liegt. Natürlich
kann man mit etwas Talent auch überleben, ohne
diese Begriffe und ihre Inhalte im Training zu
kennen.
Ich wünsche mir, dass jeder mal kurz in sich geht
und überlegt:

An welchen Stellen in meinem eigenen Training nutze ich wirklich die Möglichkeiten der Pädagogik, um Spaß am Fechten zu vermitteln?

Nutze ich die eigene Kraft und die hohe Motivation der Jugendlichen, deren eigene Aussagen, die Informationen über das was sie denken, um sie zum Sieg zu führen? Oder wenn nicht, warum ist mir das nicht gelungen? Die Pädagogik ist fest davon überzeugt, dass jeder vom Lernprozess profitieren kann. Das heißt ganz klar:

Wer als Trainer wirklich besser werden will, merkt sich Folgendes.

1. GESETZ Nr. 1
Wenn der Schüler nichts lernt, ist immer der Lehrer schuld! Es gibt keine Entschuldigung!

2. Auch wenn es sehr wenige Ausnahmen gibt, ist dies der einzige Satz, der uns weiterbringt.

Stellen wir uns den umgekehrten Satz vor: Die Schüler sind immer schuld, weil ich toll bin. Mindestens hat man es ja nicht „rüberbringen" können. Je mehr man es aushalten kann, sich selbst als Trainer kritisch zu betrachten und jedes Problem als sein eigenes Missmanagement zu sehen, desto mehr kann man seine Methoden verbessern. Wer schon alles kann und akzeptiert, dass die „Dummen" „Dumm" bleiben, weil sie selbst schuld sind, hat seine Aufgabe bisher vielleicht „nicht ganz" verstanden.

Selbstkritisches Trainerdenken, täglich frisch.

Also wachsam und kritisch bleiben: Habe ich alles versucht? Haben sie mich wirklich verstanden? Muss ich mir ein anderes Trainingsmodul überlegen? Sollte ich nicht andere Worte finden? Wenn ein Schüler zu faul ist: Warum lasse ich ihn faul sein? Warum kann ich ihn nicht auf seine Weise motivieren?

Warum finde ich keine Ruhe und Konzentration?

Warum bekomme ich keinen Zugang zu ihm?

Warum kann ich keine Lernumgebung schaffen, die ihn aktiviert?

Warum gelingt es mir nicht, in ihm eine Vorstellung zu wecken, die ihn zur Lösung der Aufgabe führt?

Wie kann ich mich ständig verbessern?

Dieses Buch soll also auch außerhalb des regulären Trainings als effektives Lehrmittel genutzt werden können.

Die Grundtechniken aus dem zweiten Heft können zu Hause im Heft anhand von einprägsamen Beispielen noch einmal im Detail nachgelesen und anhand von Bildern nachvollzogen werden. Sie können aber auch im Training vorgelesen oder mit Hilfe des Buches besprochen werden.

Die taktischen Kniffe helfen, die Fehler ganz gezielt auszumerzen. Die allgemeinen Strategieaufsätze können vorgelesen werden. Die

Taktiken müssen sinnvoll besprochen werden. So
wird das Training zu Hause noch einmal
verinnerlicht.

**Pädagogisches Erdklärinstrument:
Vorstellungsbildung**

Wenn wir durch eine interessierte und zunächst
fragende Haltung die Voraussetzungen für ein
gutes Training geschaffen haben, dann ist eines
der schnellsten und effektivsten Mittel, dies zu
erreichen: die Vorstellungsbildung über ein
Phänomen.
Die Methode, wie das geht, könnte als
Kernkompetenz bei Trainerinnen und Trainern,
Schülerinnen und Schülern implementiert werden!

Aus diesem Grund sind die Hefte gespickt mit
leicht anwendbaren und einprägsamen Beispielen
für die Vorstellungsbildung zu verschiedenen
Techniken.
Am besten ist es jedoch, wenn die Schülerinnen
und Schüler sich selbst solche präzisen persönlich

orientierten Vorstellungen erfinden, die ihrem Verständnis und ihrer Auffassungsgabe entsprechen.

Die Lernzeit wird durch die Anwendung in der Regel erheblich verkürzt. Die Fehler schleichen sich weniger häufig ein.

Das motiviert alle!
Wenn jemand ein Vorstellungsbild erzeugt hat, bedeutet dies ein nachhaltiges Behalten, ein Verstehen, ein Abrufen können, ein Erinnern können, ein in Fleisch und Blut übergehen.
Das Element der Vorstellung ist das, was am häufigsten fehlt. Es ist das Bindeglied zwischen Tun und Wissen. Fahrrad fahren verlernt man eben nicht.

Was ist Fechten eigentlich?

Ich will aus dem Fechten keine Religion machen,
aber es ist Lebensfreude, Freizeit und
Persönlichkeitsbildung. Durch das Fechten und
alles, was damit zusammenhängt, kann man
wirklich viel über das Leben lernen. Das
Sportfechten, wie wir es heute betreiben und wie
es so vielen Menschen Spaß macht und Freunde
bringt, hat natürlich eine vielschichtige
Geschichte.
Es ist mir nicht möglich, auf alle Aspekte
einzugehen. Schließlich handelt es sich um ein
kleines Lehrbuch über die Praxis und Theorie des
Fechttrainings. Ein Leitfaden, um das Fechten
besser zu verstehen. Dennoch möchte ich in
immer wieder interessante gedankliche Ausflüge
unternehmen.
So behaupte ich, dass Fechten ein Spiel ist. Wir
„tun nur so, als ob" wir jemanden „durchbohren"!
Die Engländer nennen es deshalb auch „game".

Spielen aber ist eine der wichtigsten Kulturtechniken überhaupt. Spielen kann Grenzen überwinden, kann ohne Sprachbarrieren funktionieren.

Alte, Junge, Mädchen, Jungen, Konkurrenten, Freunde, Fremde können miteinander spielen. Spielen ist sogar älter als Kultur, denn schon Tiere können spielen.

Wir können sogar mit Tieren über alle Grenzen hinweg spielen!

Das Verhalten von Fechtern ist meiner Meinung nach total spielerisch. Aber was ist Spielen eigentlich? Wie macht man etwas spielerisch? Vielleicht, wenn man etwas ohne Zwang und frei tut? Mal sehen. Spieltheoretiker haben ganz bestimmte Merkmale zusammengetragen, um das Spielen zum Beispiel von der Arbeit abzugrenzen. Das ist ganz wichtig, wenn wir wissen wollen, warum wir eigentlich spielen: Spielen ist, wenn das Tun keinen Zweck erfüllt (Sinn ja, aber kein praktischer Zweck), wenn das Tun das Erleben von Freiheit bewirkt.

Wenn wir uns freiwillig den Spielregeln unterwerfen, weil das Spiel dann spannender wird. Spielen hat immer etwas mit Bewegung zu tun. Spielen braucht Spannung und Harmonie Spielen braucht den Wechsel variabler Spielsituationen Kreativität Ist das nicht ein Widerspruch?

Ja, ich weiß, Fechten ist gesund, das ist auch ein Ziel oder Zweck. „Ich fechte, um fit zu bleiben", oder vielleicht gibt es jemanden, der damit Geld verdient. Aber das ist nicht zweckfrei gemeint, sondern zwecklos. Das heißt hier, das Fechten im Gefecht, also mitten im Fechten, muss zweckfrei sein.Verstanden?

Wie ich den Gegner in der nächsten Sekunde überlisten will, das ist völlig frei. Da spiele ich.

Darum geht es! Das macht den Spaß aus. Habe ich den richtigen Moment zum Angriff, bekomme ich seine Klinge, kann ich ihn treffen?

Ich kann es an einem Beispiel deutlich machen: Ihr seid mitten im Kampf, voll konzentriert, überlegt Euch, wie Ihr den Gegner aus der Reserve locken könnt, macht eine Täuschungsbewegung usw. Dann seid ihr intrinsisch motiviert. Das heißt, der Moment ist erfüllt von der Lust am Kampf der sich nur um sich selbst bekümmert.

Wer stattdessen in dieser Situation denkt, dass er gleich ein Preisgeld gewinnen will oder dass Fechten gesund ist oder dass er eine Medaille um den Hals hängen will oder was für ein toller Kerl er ist, der denkt zweckorientiert und nicht mehr spielerisch.

Eine praktische Folge solcher Überlegungen ist, dass man sich nicht mehr auf das Fechten konzentriert, sondern auf die Zwecke, die außerhalb des Fechtens liegen. Dann hat man den Tunnel des Spielerischen verloren und verliert mit Sicherheit, auch wenn es 12:4 steht.

Deutschland hat einmal ein Finale gegen Argentinien verloren, weil die Mannschaft ein paar Minuten vor dem Schlusspfiff „in Gedanken schon auf dem Podium" war. Also mental nicht mehr auf dem Platz. Sie hatte also das Spielen aufgegeben.

GESETZ Nr. 2: Der Sieg gehört denen, die sich mit Instinkt, Gefühl und Verstand direkt im Kampf befinden, anstatt abzuschweifen. Spiel ist gelebte Freiheit. Nur in der Spannung, im Rhythmus und in der Spielfreude, die wir beim Taktieren und Bewegen in der Spannung des Gefechts haben, liegt die wahre Freiheit.

Deshalb fechten wir eigentlich. Damit haben wir übrigens unsere ureigenste Aufgabe als Menschen erfüllt: Unser Leben in Freiheit mit Freude selbstbestimmt zu leben.

Das ist ja für die Meisten das Endziel des Daseins. Deshalb sagt der deutsche Dichter und Philosoph Friedrich Schiller als Höhepunkt seiner ganzen Philosophie: „Der Mensch ist nur da ganz Mensch, wo er spielt". So ist das Fechten als Spiel keine bloße Nebensache, sondern in seinem spielerischen Charakter wichtigster Lebensinhalt vieler Menschen.

Sport ist heute auch ganz allgemein zu einem Ort geworden, an dem Menschen über sich hinauswachsen können, Selbstvertrauen schöpfen können und in der Gemeinschaft vertrauensvoll miteinander umgehen können, um an ihre persönlichen Grenzen zu gehen und diese oft auch zu erweitern.

Das ist meiner Meinung nach auch der Grund, warum so viele bis ins hohe Alter fechten.

Aber natürlich gibt es neben dem Fechten und der Lust am Fechten auch den Wunsch, gewinnen zu wollen, vielleicht einen kleinen Werbeauftrag zu ergattern oder bewundert zu werden. Das ist alles legitim. Aber das hat inmitten des Gefechts nichts zu suchen.

Das Miteinander im Fechten

Nun, ich habe im ersten Teil schon beschrieben, welche schönen Beispiele für echtes Miteinander sich in meinem eigenen Leben ereignet haben. Es gibt nichts Schöneres, als in einer Mannschaft aufzugehen. Wer einmal erlebt hat, wie eine Mannschaft immer mehr zusammenwächst, der weiß, wovon ich spreche. In den besten Fechtmannschaften ist es so, dass, egal wer ficht und egal wie er ficht, nie ein schlechtes Wort fällt. Jeder kann einen schlechten Tag haben. Genauso kann ein anderer einen guten Tag haben. In einer Mannschaft ist es eben so, dass sie aus verschiedenen Menschen besteht. Da kann sich auch mal einer verletzen oder zu spät kommen, vielleicht seine Sachen vergessen. Damit muss man immer rechnen. Aber ich habe noch nie gehört, dass man in so einer Situation „den Kopf rasiert bekommt".

Das ist eine hohe ethische Haltung. Das allein ist schon eine tolle Leistung, aber es ist noch schöner zu sehen, wie die, die das sehen, das auch lernen können: Wir sind ein Team! Wir stehen füreinander ein, wir tragen die Fehler des anderen mit. Diejenigen, die einen schlechten Tag haben, machen sich sicher schon genug Vorwürfe.
Sie haben es bestimmt nicht extra gemacht. Vielleicht waren sie ungeschickt oder übermotiviert, aber das wird ihnen sicher eine Lehre fürs Leben sein. Nächstes Mal werden sie sich mehr anstrengen.
Da bin ich mir sicher. Gerade wenn die anderen Mannschaftskameradinnen und -kameraden so hinter einem stehen, will man sich noch mehr anstrengen, um das durch gute Leistungen

zurückzugeben. Das lernt man als allgemeine Kulturtechnik wirklich fürs Leben!

Hast du noch was zu trinken? Mein Kabel ist kaputt. Hast Du noch eins, kann ich für Dich einspringen? Teamfähigkeit ist gerade für Jugendliche wichtig. Teamgeist ist für Jugendliche besonders wichtig, da sie sich in einer Phase befinden, in der sie ihre Persönlichkeit und ihre sozialen Fähigkeiten entwickeln.

Auf der nächsten Seite werden einige Gründe genannt, warum Teamgeist für Jugendliche wichtig ist

Soziale Interaktion und Werte:

Durch die Interaktion beim Fechten können Jugendliche lernen, mit anderen Menschen umzugehen und ihre sozialen Fähigkeiten zu verbessern.
Sie lernen effektiv zu kommunizieren, ihre

Meinung zu äußern und Konflikte in einer sicheren
Atmosphäre zu lösen.

Kooperationsfähigkeit:

Echter Teamgeist, wie oben beschrieben,
ermöglicht es jungen Menschen, ihre Fähigkeit zur
Zusammenarbeit zu entwickeln. Durch
gemeinsame Ziele und Aufgaben lernen sie, ihre
individuellen Fähigkeiten in den Dienst der Gruppe
zu stellen. Sie verstehen, wie wichtig es ist,
respektvoll miteinander umzugehen und
Verantwortung zu teilen.

Vertrauen aufbauen:

Durch gemeinsame Herausforderungen und den
Versuch, gemeinsame Ziele zu erreichen, können
die Jugendlichen Vertrauen zu ihren
Teammitgliedern aufbauen. Sie lernen, sich
aufeinander zu verlassen, sich gegenseitig zu
unterstützen und Verantwortung zu teilen. Dies
trägt dazu bei, Beziehungen aufzubauen und
stabile Freundschaften zu entwickeln.

Aus Erfahrungen lernen:

Im Team lernen die Jugendlichen unterschiedliche Perspektiven und Ideen kennen. Sie können von den Erfahrungen und Fähigkeiten anderer lernen und neue Sichtweisen entdecken. Dadurch erweitern sie ihren Horizont und entwickeln ihre eigenen Fähigkeiten weiter.

Motivation und Zusammenhalt:

Teamarbeit kann Jugendliche motivieren, ihre Ziele zu erreichen. Durch den Zusammenhalt und die Unterstützung der Gruppe fühlen sie sich unterstützt und ermutigt, ihre Fähigkeiten zu verbessern und ihre persönlichen Ziele zu erreichen.

Resilienz entwickeln: Durch Herausforderungen und Rückschläge im Team lernen die Jugendlichen, mit Schwierigkeiten umzugehen. Sie entwickeln Resilienz und lernen, sich anzupassen und weiterzumachen, auch wenn es Hindernisse gibt.

„Versuche immer mehr für das Team zu tun als das Team für dich!" - H. Wirth

Insgesamt trägt der Teamgeist dazu bei, dass Jugendliche, aber natürlich auch Kinder und Erwachsene, wichtige soziale Kompetenzen erwerben, ihre Persönlichkeit entwickeln und sich selbstbewusster fühlen. Das gemeinsame Training und Fechten befähigt sie, erfolgreiche Beziehungen aufzubauen und im späteren Leben effektiv in Teams zu arbeiten.

Fechten als Chance zum Erwachsenwerden
Fechten hilft sicherlich, sich selbstbewusster und unabhängiger zu fühlen und damit erwachsener zu werden. Dabei spielt nicht nur die körperliche Aktivität eine Rolle, sondern auch die psychische und soziale Entwicklung. Gerade in einer Atmosphäre, wie sie der Fechtsport bietet, kann man sich als Mensch selbstbewusst entwickeln. Hier einige Beispiele, wie dies geschehen kann. Verantwortung übernehmen: Fechten erfordert

Disziplin und Ausdauer. Durch regelmäßiges Training übernimmt man Verantwortung für sich und andere. Selbstvertrauen aufbauen: Durch sportliche Erfolge und die Bewältigung von Herausforderungen kann Selbstvertrauen aufgebaut werden. Dieses Selbstvertrauen kann sich auch auf andere Lebensbereiche auswirken und dabei helfen, reifere Entscheidungen zu treffen.

Fähigkeiten entwickeln: Durch gutes Fechttraining kann man seine körperlichen und geistigen Fähigkeiten verbessern. Diese Fähigkeiten können helfen, im Leben besser zurechtzukommen und erwachsene Aufgaben zu bewältigen. Stress abbauen: Sport kann helfen, Stress abzubauen und den Kopf frei zu bekommen. Dadurch kann man klarer denken und bessere Entscheidungen treffen.

Disziplin beim Fechten.

Disziplin ist die Fähigkeit, sich an Regeln und Vereinbarungen zu halten und den Anweisungen des Trainers oder Schiedsrichters zu folgen. Es ist wichtig dies aus Vertrauen und Einsicht zu tun. Die Selbstdisziplin ist auch eine Form der Freiheit. Man überwindet schließlich den inneren Schweinehund. Beim Fechten ist es wichtig, Techniken und Abläufe korrekt auszuführen, um erfolgreich zu sein.

Konzentration:

Fechten erfordert ein hohes Maß an Konzentration, um die Bewegungen des Gegners richtig zu erkennen und darauf zu reagieren. Eine starke Konzentration hilft, schnell und präzise zu handeln. Mut: Mut ist eine wichtige Tugend beim Fechten. Es erfordert Mut, sich dem Gegner zu stellen und sich auf einen Zweikampf einzulassen. Ohne Mut ist es schwer, im Fechten erfolgreich zu sein.

Ausdauer:

Fechten kann sehr anstrengend sein, besonders bei langen Gefechten. Eine hohe Ausdauer ist wichtig, um die körperlichen Anforderungen des Sports zu bewältigen und bis zum Ende des Wettkampfes auf hohem Niveau zu kämpfen. Fairness: Fechten ist ein Sport, bei dem Fairness und Respekt gegenüber dem Gegner eine große Rolle spielen. Es ist wichtig, sich an die Regeln zu halten, den Gegner nicht absichtlich zu verletzen und auch im Falle eines Sieges respektvoll zu bleiben. Schnelligkeit ist eine wichtige Tugend beim Fechten. Sie ermöglicht es, schnell zu reagieren, die Angriffe des Gegners abzuwehren und gleichzeitig eigene Angriffe erfolgreich durchzuführen. Strategisches Denken und Planen sind beim Fechten sehr wichtig. Es ist wichtig, die Bewegungen des Gegners zu analysieren, seine Schwächen auszunutzen und eine effektive Strategie zu entwickeln, um den Kampf zu gewinnen. Geduld ist eine wichtige Tugend beim Fechten. Man braucht Geduld, um den richtigen

Moment für den Angriff abzuwarten, die Taktik zu planen und die nötige Ruhe zu bewahren, um im richtigen Moment zuschlagen zu können. Fechten und Konzentration. Konzentration spielt sowohl im Fechtsport als auch im Leben eine wichtige Rolle. Beim Fechten ist es wichtig, sich auf die Ausführung einer bestimmten Bewegung oder Aufgabe zu konzentrieren, um eine optimale Leistung zu erbringen. Dies kann sowohl körperliche als auch geistige Konzentration erfordern. Konzentration ist auch im Schulalltag und im Leben wichtig. Sie ermöglicht es uns, uns auf eine bestimmte Aufgabe oder Aktivität zu konzentrieren, um sie effizienter auszuführen. Konzentration hilft uns auch, unsere Ziele und Prioritäten im Leben zu definieren und zu verfolgen. Außerdem hilft uns Konzentration, Ablenkungen zu vermeiden und unseren Geist zu beruhigen. Genau das ist auch beim Fechten wichtig. Um die Konzentration im Sport und im Leben zu verbessern, können wir verschiedene Techniken anwenden.

Dazu gehören regelmäßiges Training und Üben, Meditation, Gleichgewichtsübungen, Lektionen, Stoßkissenarbeit und Achtsamkeitsübungen, das Setzen klarer Ziele und Prioritäten sowie die Schaffung einer geeigneten Umgebung, die uns bei der Konzentration unterstützt. Insgesamt ist Konzentration im Sport allgemein, im Fechten und im Leben sehr wichtig, um unsere Ziele zu erreichen.

Stretching oder Yoga?

Ja, das ist nicht jedermanns Sache, aber ich möchte es trotzdem erwähnen. Neben dem Training baue ich immer eine Stunde Yoga in mein Leben ein. Fürs Fechten natürlich genauso wie fürs Leben. Wer Yoga kennt, weiß wahrscheinlich warum. Yoga hat einen Sinn und viele Funktionen. Der Sinn ist, sich ganz auf das Wichtigste in sich selbst zu konzentrieren. Alles um sich herum zu vergessen. Eine der Hauptfunktionen ist körperlich, sich zu dehnen und beweglicher zu werden. Beides funktioniert sehr gut. Ich kann es einfach nicht anders sagen. Yoga ist für mich wie Fechten. Es ist die Konzentration und das Gleichgewicht. Es hilft im Wettkampf und zwischen den Wettkämpfen, wenn man sonst keine Ruhe findet. Man kann es immer gut gebrauchen, um im Beruf, in der Schule und im Turnier zur Ruhe zu kommen. Körperliche Kraft und Beweglichkeit: Yogaübungen verbessern die körperliche Kraft und Beweglichkeit, was für schnelle Bewegungen beim Angreifen und Ausweichen wichtig ist. Gleichgewicht und Koordination: Yogastellungen, insbesondere der Adler, helfen, das Gleichgewicht und die Koordination der Muskeln zu verbessern, was beim Fechten von entscheidender Bedeutung ist. Atemkontrolle und Ausdauer: Durch Yoga lernen Fechterinnen und Fechter, ihre Atmung zu kontrollieren und ihre Ausdauer zu steigern. Dies ist wichtig, um im Fechten länger durchhalten zu können, wenn es darauf ankommt. Konzentration und geistige Ruhe: Yoga hilft den Fechtern, ihre Konzentration zu verbessern und ihren Geist zu beruhigen. Dadurch können sie sich während des Gefechts besser auf Technik und Strategie konzentrieren. Verletzungsprävention und Rehabilitation: Yoga kann helfen, Verletzungen im Fechtsport vorzubeugen, indem es die Muskeln stärkt, die Flexibilität verbessert und die Haltung korrigiert. Es kann auch als Teil der Rehabilitation nach Verletzungen eingesetzt werden, um die Genesung zu beschleunigen.

PS: Mein erster Trainer, Peter Dziemba, war 80 Jahre alt, als er mich zum Fechten brachte.

Eigene Notizen, Fragen und Skizzen ...

Eigene Notizen, Fragen und Skizzen …

Eigene Notizen, Fragen und Skizzen ...

Verlag: BoD • Books on Demand GmbH,
In de Tarpen 42, 22848 Norderstedt
Druck: Libri Plureos GmbH, Friedensallee 273,
22763 Hamburg
ISBN: 978-3-7597-4871-3